La haie

Chapitre I : Le réveil

Je prends conscience progressivement dans une sorte de mouvement ouaté d'élévation de ma propre connaissance. Je suis et je sais que je suis.

La connaissance de moi-même m'emplit peu à peu et je découvre certaines sensations. La plus importante est la sensation d'exister, sans qu'il s'agisse pour autant d'une naissance, car je sens confusément que j'existais précédemment, mais peut être sous une autre forme, probablement moins consciente.

Je sais aussi que j'ai une existence physique, une sorte de corps, mais dont je ne sens ni pesanteur, ni douleur, ni mouvement. Dans le silence ouaté je n'ai pas conscience de l'absence de son, car ce type de sensation m'est inconnu. De la même façon, je n'ai pas conscience de la température ni d'un quelconque mouvement dans mon corps. Curieux et n'ayant rien d'autre à faire, j'examine ce corps. Je le visionne mentalement, car je n'ai pas d'organes définis bien sûr. Mon corps est léger, une sorte de demi-lune verte dont je sais qu'il est de bonne dimension, posé sur un substrat indéfini qui le supporte et le nourrit automatiquement. Je n'ai pas conscience vraiment d'un acte volontaire de nutrition, disons que je sais que ce support m'est nécessaire pour ne pas dépérir.

L'atmosphère est ouatée, un peu

épaisse, comme un brouillard doux qui enveloppe le dehors, tout ce qui n'est pas mon corps et que je ne peux qu'un peu imaginer. J'imagine cependant très bien mon corps, cette demi-lune verte épaisse, touffue, qui repose sur une barrière solide indéfinie, dont je ne connais ni la couleur ni l'étendue mais que je sais solide et infranchissable. L'existence de ce support me permet d'envisager la notion de haut et de bas, mais également celle de verticalité et c'est ainsi que je sais que mon corps a une hauteur, une épaisseur et une longueur courbée.

Dans ma représentation mentale, la présence du support permet d'orienter l'espace entre le haut et le bas, d'autant plus que mon corps est plus important à la base, vers le support et s'affine vers le haut. Je sais confusément qu'une croissance de mon corps a lieu, mais il s'agit d'une croissance principalement vers le haut, inconsciente et monotone, constante et irréfléchie.

Je me penche sur la question de ma nutrition et c'est une question dont j'ai vite fait le tour. Je me sustente automatiquement et sans effort et le substrat indéfini qui supporte mon corps lui fournit ce dont il a besoin et qui n'a ni saveur ni odeur puisque je n'ai pas les organes nécessaires à ce genre de sensation. Je sais vaguement que ces sensations existent, mais je ne les ressens pas et elles ne me manquent pas.

En fait à part la sensation de ma propre

existence, je n'en ai pas d'autre et mon corps est confortable, je suis bien. N'ayant aucun besoin, j'ai le temps de savourer ce bien être paresseux. Je m'interroge un peu sur le dehors, ce qui n'est pas mon corps. Je tente d'imaginer la nature du support, mais je renonce vite, quand on est bien, pourquoi vouloir changer ?

Le dehors est un brouillard inconnu, je sens néanmoins confusément que je ne suis pas seul, des semblables sont proches, mais je ne peux ni les voir faute d'yeux, ni les imaginer. Je sais qu'ils sont probablement là et très nombreux, mais je ne les perçois pas. Ils ne sont pas une menace, ni des amis, ils me sont indifférents.

Je suis quand même très bien comme ça, tranquille, comateux, bercé par ma propre présence heureuse. Je me pose quelques questions sur ma forme, mais la réponse me parvient très vite : c'est tout simplement la forme la plus confortable, mon corps est comme ça parce que c'est ainsi qu'il doit être. Une vague idée de relation avec le support me vient, mais très vite devant mon incapacité à percer la nature du support, je laisse tomber. Je sais que ma quiétude est précieuse, je la savoure. Je suis bien, tranquille, dans un univers ouaté, tout seul et bien content. Ma présence me contente et me suffit, même la connaissance de l'existence d'autres êtres pensants dans une proximité indéfinie ne parvient pas vraiment à exciter ma curiosité. Je voudrais vaguement en savoir plus, mais c'est un peu fatigant et je pense au ralenti.

Dans ma solitude tiède et confortable mes pensées dérivent, vagues et somnolentes, je m'interroge un peu sur mon existence et sur son but, mais j'abandonne assez vite, car je ne vois pas comment je pourrais trouver des réponses et je suis trop bien comme ça pour changer le cours des choses. J'ai vaguement conscience que la connaissance peut être une remise en cause de ma quiétude et je préfère ne pas trop creuser la question. Une vague histoire flotte aux confins de ma mémoire, un conte sur le danger de la connaissance, sur un paradis perdu, mais ma langueur intellectuelle l'emporte sur une faible curiosité qui s'étiole et meurt : je préfère profiter de l'instant présent.

Même en me concentrant sur le support, je ne peux mieux le percevoir que comme étranger, dur, compact et solide, mais aussi nourricier et rassurant, pas hostile. Je ne le perçois pas comme une entité pensante mais comme un meuble inerte et immobile, il me soutient et je suis sur lui, mais il ne m'appartient pas et je n'ai aucune prise sur lui. J'ai quand même l'intuition de sa nécessité pour mon confort, c'est mieux qu'il soit là, pas de doute. Mais aussi bien sa nature que son étendue me restent inconnus, je ne le connais que dans sa partie qui me soutient. Une certitude éclate soudain dans mon esprit et elle dissipe en un bref éclair de lucidité les brouillards de confort qui m'enveloppent : ce support est commun avec d'autres entités. Je sais soudainement que les autres êtres pensants dont je pressens l'existence à proximité partagent avec moi le support. Mais cette certitude ne me permet pas pour autant de découvrir la nature, le nombre et même la preuve de l'existence de ces voisins si proches et si lointains à la fois. Je laisse tomber et je retombe dans la mollesse et le confort. Après tout peu me chaut de ces voisins inaccessibles et étrangers, je suis si bien et je ne ressens pas leur besoin.

Du coup au bout d'une éternité langoureuse, je m'intéresse à l'atmosphère, après le bas voyons un peu le reste. L'atmosphère est parfaite, douillette et confortable, pas de mouvement, pas de danger, pas de vrai contact, là non plus je ne ressens aucune sensation et c'est très bien. Par contre alors que l'immensité du support ne fait aucun doute, cette immensité reste pour ainsi dire bornée, rassurante et fixe, alors que l'atmosphère me laisse penser à une immensité plus dangereuse, pas forcément hostile, mais plus inquiétante. Je sens que de tous côtés et d'en haut peuvent provenir des difficultés, voire des dangers, alors que je n'ai pas cette crainte du côté du support. Cette pensée me met un peu mal à l'aise, je la chasse rapidement de mon esprit, car elle dérange mon confort ouaté.

Je cesse donc ma réflexion sur

l'atmosphère, car cet environnement, s'il n'est pas hostile, n'est pas non plus bienveillant. Alors que la neutralité parfaite du support me paraît curieusement amicale, la neutralité de l'atmosphère me semble beaucoup plus réservée, potentiellement dérangeante. En y réfléchissant je comprends que si je suis persuadé que le support ne me réserve aucune surprise, il n'en est pas de même pour l'atmosphère. Je ne sais pas si l'atmosphère recèle des ennemis ou des ennuis, mais je n'écarte pas du tout cette possibilité. Cette fois-ci ma quiétude est bien entamée et je me force à oublier tout ça pour retrouver ma tiède indifférence et ma tranquillité première. Je me moque même au bout d'un moment de moi-même : qu'est-ce qui me prend donc à imaginer des difficultés là où rien ne laissait en présager ? Je retombe donc peu à peu dans mon bonheur et dans l'oubli de mes inquiétudes infondées.

Je profite longuement de ma tranquillité retrouvée, la savourant d'autant plus qu'elle aurait pu être troublée. En fait en y réfléchissant je m'aperçois qu'elle a bel et bien été troublée, puisque je repense à l'inconnu qui m'entoure et que je n'arrive pas à retrouver une sérénité parfaite comme avant. Je me rends compte alors que j'ai changé et que je ne suis plus le même. Pas physiquement bien sûr, puisque mon corps reste une abstraction impalpable dont je ne peux avoir autrement conscience qu'intellectuellement, en l'absence de tout organe des sens, mais mentalement. En effet je m'aperçois que la découverte de l'inconnu qui m'entoure et l'inquiétude que m'a causé cette découverte, ont radicalement changé ma façon de penser. Alors que j'étais un esprit confortablement installé dans mes certitudes et un corps plutôt mal défini et bien douillet, je suis désormais rongé par l'existence de cette atmosphère et surtout par tout ce qu'elle peut laisser passer jusqu'à moi.

Je tente à plusieurs reprises de me raisonner et me retrouver ma confortable tranquillité, mais il n'y a pas moyen d'oublier, le souvenir de mes craintes me hante et a changé radicalement ma façon d'être. D'un esprit paisible et paresseux, je suis devenu le réceptacle d'une pensée vagabonde, oscillant entre le calme parfois retrouvé et l'inquiétude sans but défini. Alors que ma pensée était linéaire elle est devenue binaire et tourne désormais autour de mes tentatives d'oubli de mes inquiétudes. Ces dernières deviennent secondaires et mes efforts pour les chasser transforment la crainte de ce qui pourrait provenir de l'atmosphère en peur du retour de cette crainte. Je me rends alors compte que j'ai peur de mes peurs et heureusement le sens de l'humour surgit en moi et je me moque de moi-même.

Alors que je n'ai aucune sensation et aucune connaissance de ce qui n'est pas mon corps, voilà que je crains l'inconnu, et même que j'ai peur de cette peur. Que pourrais-je bien craindre ?

Rien ne semble d'ailleurs émaner de cette atmosphère qui après tout ne m'a rien fait, sinon exister et ne pas être moi. Avoir éprouvé une telle crainte de l'inconnu et avoir eu peur de cette peur, voilà qui me réjouit et m'attriste à la fois. Cela me réjouit, car je me suis rendu ridicule et c'est une situation amusante que j'ai créée de toutes pièces. Mais cela m'attriste, car finalement ma pensée est loin d'être parfaite et je suis bien bête de me torturer seul l'esprit.

Avoir pris conscience de ma propre bêtise me rassure et je me sens plus raisonnable. Cela n'a pas fait disparaître le malaise diffus que je ressens quand je pense à l'immensité inconnue de cette atmosphère qui m'entoure, mais je peux le supporter par le raisonnement. N'ayant aucune sensation, je ne crains donc aucune sensation mauvaise, si malheur il devait arriver ce serait ma propre disparition. Je réfléchis là-dessus et je me rends compte que cette disparition peut prendre deux formes : soit la disparition de mon esprit, soit celle de mon corps. J'étudie donc la chose puisque la quiétude est terminée et que je ne peux plus retomber dans mon confort précédent, voilà d'ailleurs en quoi j'ai changé finalement. Mon esprit est le même, je suis toujours là, mais je ne suis plus le même puisque je ne retrouve pas ma tranquillité première, le souvenir de mes inquiétudes m'en empêche, c'est donc bien que les souvenirs m'ont changé. Ma logique est bien restée la même mais pas mon esprit dans sa globalité, je me rends alors compte que l'esprit est très dépendant des souvenirs finalement, et la mémoire influence au moins autant que l'inné dans un esprit. Mon esprit est donc non seulement le produit de la logique brute, celle que j'ai reçue à la naissance, mais également de ma mémoire, de mes raisonnements, de ce que j'ai pensé. Mon esprit produit des pensées et ces pensées modifient mon esprit et ma façon de réfléchir.

Cette découverte et le fait que cette découverte modifie elle aussi ma façon de penser me font oublier quelques-temps ma résolution de réfléchir à ma disparition. Du coup songer à mon anéantissement me paraît soudain très risqué car mes pensées vont obligatoirement modifier mon esprit et je ne serai tout à l'heure pas le même que celui que je suis maintenant. Finalement je vais me modifier moi-même et faire disparaître celui que je suis, je serai donc mon propre bourreau. Il aurait été plus simple de continuer comme au début, de ne pas penser et de profiter paisiblement de mon état végétatif. Mais c'est trop tard, la modification est accomplie et irréversible, je ne pourrai pas revenir à mon état premier. Donc autant continuer et je verrai bien où tout cela me mènera.

Pour retrouver mon état antérieur, j'envisage la possibilité de l'oubli, mais si j'occulte mes souvenirs, je deviendrai différent de celui que je suis maintenant et est-ce que ce nouveau moi souhaitera encore ce changement ? Ce qui est passé ne peut être retrouvé, car la caractéristique principale d'une première fois c'est justement qu'il n'y en a pas eu d'autre avant et même si j'arrivais à oublier tous mes raisonnements, ils auraient quand même existé et leur empreinte dans mon esprit, elle, resterait. La pensée est donc modificatrice de l'esprit qui la génère et cela d'une manière irréversible. Intellectuellement, je suis donc mon propre créateur et ceci en permanence, même si au départ je ne sais pas qui a généré mon esprit, cet intellect originel a disparu, progressivement et profondément modifié par ses propres pensées. Cette découverte me tourne un peu la tête et je préfère ne pas m'y attarder, d'autant plus que le mystère de ma naissance reste entier.

Après avoir examiné le début, qui ne peut être modifié de toutes façons, car il s'agit du passé, voyons un peu l'avenir et en particulier l'autre bout de mon existence, dont je sais qu'elle a eu un commencement, qui correspond au moins à la naissance de ma pensée consciente, en fait surtout au début de ma mémoire, puisque je pensais peut-être déjà avant, sauf que je ne m'en rappelle pas. Cela me fait découvrir que la pensée sans la mémoire n'est rien puisque l'être qui sait qu'il existe se réfère surtout au fait qu'il a existé peu de temps auparavant, l'être pensant doit donc nécessairement posséder, outre ses capacités cognitives, une mémoire et un sens de l'écoulement du temps. Sans ces trois éléments, un être pensant ne peut pas reconnaître sa propre existence. Si le raisonnement manque bien sûr, pas de conscience, si la mémoire manque il ne se rappelle pas avoir existé l'instant d'avant et si le sens de l'écoulement du temps fait défaut, comment ordonner les souvenirs ? Comme je possède ces trois éléments, je peux avoir conscience de ma propre existence et savoir qu'elle a eu un début, mais aura-t-elle une fin ?

J'examine d'abord la possibilité de la fin de mon corps et cette disparition potentielle me terrifie dans un premier temps, puis je me rassure en me rappelant que, n'ayant aucune réelle sensation, l'absence de corps ne changerait pas grand-chose. Finalement ce corps, dont je sais qu'il héberge mon esprit, n'a aucune importance, car il ne m'apporte rien pour le moment, je serais un pur esprit que je ne m'en porterais pas plus mal. Seule la disparition de mon esprit est donc réellement à craindre et la sauvegarde de mon corps devient importante dans la mesure où elle conditionne peut-être celle de ma pensée.

Supposons donc que mon corps soit détruit et que mon esprit, privé de ce support matériel, en vienne à disparaître aussi. J'imagine un tel scénario, qui m'angoisse terriblement dans un premier temps. Que vais-je devenir si mon esprit disparaît ? Mais l'absurdité de la situation se fait jour en moi, confusément puis de plus en plus nettement. En effet, je ne peux guère m'imaginer sans conscience de moi-même. Si je n'ai plus conscience d'exister, comment est-ce que je m'en rendrais compte ? La disparition de mon esprit sous-entend la disparition de ma mémoire ou la disparition de mon raisonnement ou des deux conjointement. Or, si mon raisonnement disparaît, le fait que je n'existe plus ne me touchera pas, puisque je ne serai plus là pour m'en rendre compte. A l'inverse si ma mémoire disparaît, non seulement mon esprit sera altéré comme je l'ai déduit précédemment, mais ne me rappelant même pas avoir existé cela ne me touchera en aucune façon. Bien sûr si raisonnement et mémoire disparaissent de concert, je serai encore moins affecté, n'ayant plus les capacités nécessaires à l'affliction.

Donc finalement si mon esprit perdure avec raisonnement et mémoire, et même s'il est en constante modification auto-générée, au moins le lien avec ses formes précédentes existe et je peux affirmer que mon intellect ne disparaît pas. En revanche si le raisonnement ou la mémoire lui font défaut, mon esprit disparaît, mais je ne pourrai pas en avoir conscience par définition. Ce qui signifie assurément que jamais je ne me rendrai compte que j'ai intellectuellement disparu, ce qui donc, de mon point de vue, induit une certaine forme d'immortalité. Pourquoi dès lors craindre une disparition que je ne pourrai jamais éprouver ?

Me voilà donc rassuré sur ma possible disparition, elle n'arrivera jamais de mon point de vue, puisque je ne pourrai pas l'éprouver. La découverte de mon immortalité virtuelle me rassure profondément et je retrouve une sérénité profonde, d'une nature différente de la tranquillité que j'éprouvais au début de cette existence. En fait la sérénité de l'ignorance a été remplacée par la sérénité du savoir et je savoure l'évolution de ma pensée, comprenant aussi que mon esprit est certes virtuellement immortel, puisqu'il ne saura jamais avoir disparu, mais qu'il est aussi par nature profondément éphémère puisque chaque pensée le modifie et que l'esprit du moment précédent n'est pas le même que celui du présent, qui est aussi différent de l'esprit du futur. Je devrais d'ailleurs dire les esprits du futur car chaque instant et chaque nouvelle idée fait naître une nouvelle entité pensante, issue des cendres de la précédente et préfigurant la suivante par l'apport de son existence mémorisée.

Que mon esprit soit un phénix en combustion spontanée continue me fait également réaliser que ce renouvellement constant, cette évolution obligatoire et non voulue, est la condition nécessaire à l'immortalité intellectuelle dont je bénéficie. Que mon esprit change constamment et évolue sans cesse, qu'il doive constamment mourir pour mieux renaître, est la garantie de sa pérennité. Si un esprit était immuable et inchangé, cela signifierait qu'il n'aurait pas de mémoire et dans ce cas-là pourrait-on réellement parler d'esprit conscient ? Il ne pourrait avoir qu'une conscience instantanée, sans passé et donc sans avenir, une pure unité logique sans donnée enregistrée, finalement une machine.

Mais la question ne se pose pas puisque même si je sais avoir des voisins semblables, je ne sais pas réellement s'ils ont conscience d'être, comment sont leurs esprits, se sont-ils posés les mêmes questions et ont-ils obtenu d'eux-mêmes des réponses différentes ? Je ne peux en aucune façon communiquer avec eux et même si je le pouvais, comment savoir s'ils ne me cacheraient pas des choses ? Des vérités terribles ou agréables, des secrets qu'ils voudraient conserver pour eux ou des raisonnements si désagréables que les dévoiler serait honteux. Je ne pourrais avoir la certitude qu'en entrant dans leur esprit, en en faisant partie intégrante et en pillant leur mémoire et pour être sûr d'avoir bien compris, en ayant exactement le même esprit qu'eux. Mais comme mon esprit évolue sans cesse par chaque modification qu'apporte chaque pensée, je ne pourrais jamais être exactement le même esprit, c'est donc impossible.

Cela signifie donc que l'existence d'un autre esprit que le mien induit une incompréhension de cet esprit. Au moins s'il doit y avoir communication, elle sera forcément incomplète et sauf à avoir une confiance totale, l'échange sera imparfait. Et comment avoir une totale confiance dans un esprit dont on ignore la pensée, et dont on sait qu'il est également en perpétuelle mutation, comme soi-même ? Cela me paraît difficile et j'en viens à ne plus regretter la distance de mes voisins, dont je ne connais l'existence que par intuition.

Après tout cela je retombe dans ma torpeur naturelle, ressassant mes pensées et mes souvenirs de pensées dans une langueur un peu monotone mais assez agréable.

Chapitre II : L'aiguille

Le temps passe et les instants présents fuient et disparaissent sans cesse, je m'ennuie un peu, mais je ne veux pas retomber dans des pensées trop complexes, car je souhaite digérer un peu ce que j'ai appris sur moi-même. Soudainement, je perçois une présence étrangère et là il ne s'agit plus de savoir sans preuve, mais d'une sensation émanant de mon corps.

Mon corps est une sorte de demi-lune incurvée assez épaisse, plus large à la base, qui repose sur le support indéfini que je ne peux pas explorer et c'est sur un côté de la demi-lune, presque à l'extrémité et à mi-hauteur que je sens une présence. Je ne la sens pas intellectuellement, comme je sens mes voisins mystérieux, mais j'éprouve cette présence physiquement comme une chaleur différente à cet endroit de mon corps. Par contraste, alors que la température était régulière et uniforme, elle n'existait pour ainsi dire pas puisqu'il n'y avait aucune variation géographique ou temporelle, la température homogène et invariable n'était pas mesurable et je n'imaginais même pas pouvoir la ressentir. Mais cette variation localisée change tout.

D'abord ce phénomène a eu un début, qui s'enfuit dans le passé au fur et à mesure que le temps s'écoule et que ce début s'éloigne temporellement. Alors que la température était uniforme dès ma prise de conscience et n'a jamais changé depuis cet instant, elle n'avait pas été perçue de ma part comme une variable, mais comme une constante et donc comme un facteur sans intérêt de mon environnement, je ne la percevais même pas. Maintenant je sais que la chaleur peut augmenter, puisque c'est arrivé et que ce phénomène perdure, je le ressens comme un contact venant de l'extérieur, localisé mais peu étendu. La chaleur me touche sur une partie assez faible de la surface extérieure de mon corps, peut-être moins du quart de la largeur et moins du dixième de ma longueur totale. Je ne sais pas si ça fait beaucoup ou pas, car je n'ai aucune idée de ma propre taille.

Sachant que je ne suis pas seul dans le secteur, je me sentais assez petit, mais la localisation restreinte du phénomène calorifique me fait penser que je suis peut-être assez grand finalement. La chaleur que je ressens à cet endroit de mon corps n'est pas vraiment désagréable, sinon par sa nouveauté qui capte toute mon attention. Il faut dire que n'ayant aucune autre sensation c'est un peu normal. J'étudie donc ce que je ressens : une chaleur plus élevée sur une portion faible d'une de mes branches, cette tache de chaleur a une forme allongée et peu épaisse, comme une aiguille de feu qui se serait collée contre mon corps.

Ce n'est pas tant que la sensation soit vraiment désagréable, mais la surprise et le choc de la nouveauté m'ont d'abord fait vaciller intellectuellement, puis la curiosité finit par prendre le dessus et j'étudie ce que je ressens. En fait à la fin, peu de choses, juste une variation localisée et d'origine inconnue de la température s'appliquant à la surface extérieure de mon corps. Aucun danger immédiat ne semble réellement à craindre, cependant je m'interroge sur la provenance de cette aiguille de chaleur. Je n'ai pas de sens du toucher et je ne peux donc pas réellement augurer de l'existence physique d'une aiguille, mais je l'imagine assez bien et quoique privé de vue, je me la représente mentalement toute dorée, brillante et surtout très belle. Curieusement sa beauté me fait peur, car je m'interroge alors sur ma propre apparence, je sais que mon corps est parfait, car très confortable et manifestement adapté à mon usage, mais suis-je beau ? Je ne sais pas vraiment répondre et je finis par conclure que je suis certainement moins beau que l'aiguille. En revanche il est indéniable que je suis plus gros et cela me remplit de fierté, je ne sais pas pourquoi.

C'est d'ailleurs curieux cette recherche de l'esthétique chez quelqu'un qui n'a aucun sens physique autre que celui de la perception de la température, et je m'interroge sur ce qu'esthétique veut dire. En fait je m'aperçois que ce que j'appelle beau se traduit par « d'essence supérieure ». Jusqu'à l'apparition de l'aiguille, l'univers se composait de moi-même, esprit forcément supérieur puisque unique, doté d'un corps confortable et peu exigeant, et le reste c'est-à-dire le support, d'autres êtres pensants, mes voisins, et l'atmosphère. J'avais implicitement classé mes voisins comme inférieurs à moi-même et considéré le support et l'atmosphère comme composantes non pensantes de l'univers, donc négligeables en termes de hiérarchie. J'étais donc particulièrement fier d'être ce qui se fait de mieux. Sauf que désormais l'aiguille est là et que je sens qu'elle est d'essence supérieure, je me retrouve mécaniquement un cran en dessous et donc dévalorisé, ce qui me chagrine un peu. Abaissé au deuxième rang de la hiérarchie que j'ai moi-même inventée, je boude un peu.

Après quelques instants de bouderie, qui ne me satisfait guère puisque je ne peux en faire profiter personne d'autre que moi-même, je décide d'approfondir l'examen de l'aiguille. En fait je ne la connais que par la sensation de chaleur à l'endroit où elle touche la surface de mon corps et je me rends compte que si je l'ai imaginée aussitôt comme une aiguille, rien ne prouve que cette forme physique lui corresponde. La sensation de chaleur, en créant une différence avec le reste de mon corps, m'a fait prendre conscience de cette sensation, mais ne l'a pas rendue agréable pour autant, à dire vrai je m'en passais très bien jusqu'alors. Je ressens de plus en plus cette présence de l'aiguille comme une menace, même si je n'ai pas eu à en souffrir en dehors de mon propre fait, je trouve cette irruption dans ma petite existence à la fois incompréhensible et inopportune.

Alors que je maîtrisais la situation, cet artefact inconnu a surgi sans que je ne demande rien, sans provocation et en dehors de toute volonté de ma part. Chose encore plus inquiétante, la sensation de différence de chaleur entre l'aiguille et le reste de la surface de mon corps, où l'aiguille est absente, est plutôt en augmentation. Au début, j'ai ressenti cette différence comme peu importante, plutôt dérangeante par sa nouveauté, mais désormais la sensation devient vraiment prégnante, fortement désagréable et on dirait que la sensation s'est un peu étendue. La sensation de menace s'est fortement accrue maintenant et je commence à paniquer, car je n'ai absolument aucun moyen d'action pour résoudre cette situation. Alors que l'absence de toute sensation me laissait libre de laisser vagabonder mes pensées, la chaleur de l'aiguille ne me laisse plus de loisirs et je suis concentré sur ce phénomène, en fait la sensation physique paralyse toute réflexion et je suis comme hypnotisé par la croissance de la zone touchée. Mon corps est maintenant réchauffé désagréablement par cette maudite aiguille sur presque tout un côté et cela s'étend encore, je ne sais pas ce que cela veut dire ni si des conséquences physiques importantes sont à craindre, je suis donc très inquiet.

Alors que la question de la survie de mon esprit est résolue et que toutes mes craintes se sont envolées à ce sujet, me vient maintenant la crainte de la disparition de mon corps physique, ou du moins de son changement. Pour l'instant, la sensation de chaleur que j'éprouve est désagréable, mais ça ne veut pas dire pour autant que ce qui m'arrive est dangereux pour la pérennité de mon corps, la partie atteinte existe toujours et n'a pas l'air de beaucoup souffrir du réchauffement. Je me rassure en me rappelant que la disparition de mon corps n'entraînera pas la disparition de mon esprit, ou que je ne m'en rendrai pas compte si tel devait être le cas. Je suis néanmoins angoissé par la situation et par son évolution constante, et surtout la sensation me perturbe fortement. En fait je n'ai plus peur de ce qui peut arriver à mon corps, j'ai juste une appréhension devant la nouveauté, que je ne maîtrise pas du tout et je me sens le jouet de forces qui me dépassent.

Alors que la sensation de chaleur agresse tout un côté de mon corps, elle cesse subitement et je retrouve l'absence de sensation précédente. Dans un premier temps, un intense soulagement m'envahit : l'aiguille est partie je suis de nouveau tranquille. Mais une nouvelle angoisse surgit : et si elle revenait ? Après tout je ne sais ni pourquoi ni comment elle est venue et ni pourquoi ni comment elle est partie, elle peut donc tout aussi bien revenir sans crier gare. D'ailleurs autre chose peut arriver, maintenant que je connais l'existence de tels phénomènes.

J'ai expérimenté une sensation de chaleur, mais qui sait quelles autres sensations désagréables peuvent soudainement s'imposer à moi ? J'ai vaincu la peur de la mort, pas celle de l'inconnu. Il me vient à l'esprit que la peur de ce qu'on connaît peut-être raisonnée, apprivoisée, on peut s'habituer à tout. Mais l'inconnu ne peut être apprivoisé, maîtrisé, la peur de l'inconnu ne peut être dominée. J'en viens presque à regretter l'aiguille, au moins j'aurais pu m'habituer à sa présence et ce mal devenu habituel aurait pu devenir un compagnon négligeable. Mais maintenant, qu'est-ce qui va se passer ?

Mon éternité calme et sereine a été troublée par un extérieur mobile et éphémère, qui est venu à moi sans prévenir. L'agressivité de cet extérieur me place dans une insécurité permanente et me plonge dans une angoisse indescriptible, je suis oppressé et mal à l'aise, j'ai l'impression que le monde extérieur devient vaste et hostile, l'atmosphère a acquis une lourdeur que je ne lui connaissais pas, bref je sens que d'importants changements sont en cours et cela ne me plaît pas.

Je suis retourné dans une torpeur confortable, mais maintenant je sais que mon corps peut être victime de sensations extérieures et cette connaissance est un inconfort : je mesure pleinement la quiétude que j'ai perdue. Finalement j'ai appris quelque chose, mais cet apport de connaissance m'a également privé de ma tranquillité et je me remémore cette vague histoire de paradis perdu dont la conclusion devient plus claire. La connaissance n'est pas forcément une bénédiction et le paradis perdu peut être celui de l'ignorance. Je suis assez partagé sur le retour éventuel de toute sensation extérieure, je l'espère pour rompre la monotonie de mon existence larvaire, mais je le crains pour ce qu'il représente d'inconnu. Pour le moment la seule sensation qui m'est venue de l'extérieur n'a pas été très agréable, mais au contraire plutôt dérangeante et l'appréhension de la nouveauté potentielle gâche ma quiétude retrouvée.

Même si ce que j'ai éprouvé n'était quand même pas si terrible et ne semble pour le moment pas avoir de conséquences physiques, les répercussions sur mon moral sont considérables. Le changement que cet événement a induit sur mon propre esprit, cette transformation de ma propre personne, ayant fait disparaître dans les limbes du passé l'ancien moi-même ignorant de cette sensation, a toute l'apparence d'une perte d'innocence qui ne pourra jamais être retrouvée.

Je cherche un dérivatif à ces pensées moroses et je pense à mes voisins, ceux que j'imagine sans les percevoir, mais dont je sais avec une inébranlable certitude qu'ils sont proches de moi, aussi bien physiquement qu'intellectuellement. Je m'aperçois que je les aime et cette découverte m'envahit d'un coup, me rassure et me remplit d'une paix profonde qui chasse mes angoisses précédentes. Par vagues, l'amour de mes voisins et l'angoisse de l'inconnu se repoussent et l'amour finit par l'emporter, je baigne alors dans une félicité retrouvée et mon esprit éprouve une sorte de plénitude satisfaite.

Poursuivant néanmoins mes réflexions, je conclus que c'est l'amour de mes semblables qui m'a sauvé de l'enfer de ma condition matérielle. Alors que la peur des sensations extérieures désagréables, que je peux quasiment qualifier de douleur, obscurcissait mon esprit et m'empêchait finalement de profiter pleinement de ma condition d'être pensant, la force de l'amour des autres m'a rendu ma sérénité. Je ne sais pas si cet amour me permettra de combattre le malaise d'une autre vague de sensation, mais au moins s'agit-il d'une arme efficace contre la peur de la douleur. J'en viens presque à souhaiter une nouvelle attaque pour pouvoir éprouver ma nouvelle défense, mais raisonnablement je ne peux souhaiter souffrir à nouveau, il me suffit de ne plus avoir peur.

La douleur ne m'a rien apporté directement mais la peur de son retour m'a fait découvrir l'amour des autres et mon esprit est maintenant partagé entre le bien et le mal finalement. L'essentiel est de garder un équilibre et de ne pas basculer trop loin d'un côté ou d'un autre. Le côté négatif représenté par la douleur et la peur qu'elle génère est utilement compensé par le côté positif de l'amour des autres. Je suis passé d'un équilibre passif quand je ne connaissais ni la douleur ni l'amour, à un équilibre actif et ce passage m'a rendu plus complet. En tous cas cette connaissance m'a enrichi et m'a profondément modifié, je suis désormais un être plus complexe, qui a perdu une innocence naturelle et je me demande si j'ai gagné au change. Je conclus assez vite que tout retour en arrière étant impossible, je dois faire avec et ne plus m'inquiéter à ce sujet, le voyage dans le temps n'est physiquement possible que dans une direction, même si l'inspection de mes souvenirs peut s'apparenter à un retour intellectuel dans le passé.

En songeant à mes voisins et à cet amour que j'éprouve spontanément pour eux, sans les connaître, je m'aperçois que cet amour a une base solide qui est la similitude. En effet s'ils sont vraiment semblables à moi, placés dans la même situation, ils doivent avoir les mêmes raisonnements et les mêmes parcours cognitifs, donc eux aussi ont abouti aux mêmes conclusions, donc ils m'aiment aussi. En les aimant, je m'aime un peu moi-même, et si cela semble très narcissique, c'est cependant une réalité objective. Je suis bien, je me trouve particulièrement à ma place et confortablement installé et je peux suivre des raisonnements complexes et intéressants, j'aime cette situation et j'aime penser à tout cela, il est logique que j'apprécie qui me ressemble et donc j'aime mes semblables et je m'aime moi même à travers eux.

Aucune pensée négative ne me traverse

plus maintenant et quand une nouvelle sensation extérieure me parvient, cet événement ne me traumatise plus. Je sais combattre l'angoisse du nouveau et de la douleur par l'amour, je positive et cela chasse toute angoisse, même si cela ne fait pas disparaître la sensation pour autant.

Il ne s'agit plus maintenant d'une chaleur désagréable ayant une forme définie, mais d'une pression générale qui s'exerce sur tout mon corps à la fois, c'est apparu d'un coup et cela disparaît de la même façon. C'est assez désagréable, mais c'est surtout la rapidité de survenue du phénomène et sa disparition tout aussi soudaine qui m'interpellent. Mais que se passe-t-il donc pour que je sois sans cesse dérangé dans mes pensées ? Mon univers a perdu sa stabilité et seule une forte pensée d'amour pour mes semblables me permet de dissiper l'angoisse qui menaçait de me submerger à nouveau. Au moment même de la sensation, mon esprit est surpris et concentré sur la douleur et finalement c'est quand elle est partie que mon esprit reprend le cours normal de son fonctionnement et que la peur arrive. Et il m'est beaucoup plus pénible de surmonter la peur de la douleur que la douleur elle-même.

Chapitre III : Deuxième réveil

Je ressens d'abord le retour de la pesanteur et c'est étrange cette sensation d'avoir été libre du poids puis de retrouver cette charge. Je découvre que mon corps ne se limite pas à une demi-lune, mais est bien celui d'un être humain et la pesanteur me révèle ma condition d'homme. Je suis couché sur le ventre dans mon lit, ma tête repose sur mes bras repliés en demi-cercle et je comprends que ce que je croyais être mon corps dans mon existence précédente n'en était en fait que la partie supérieure, à partir du cou grosso modo.

Le retour de la pesanteur a été une sensation très pénible, car je me sens oppressé et lourd. Alors que l'absence de poids ne se faisait pas sentir, la pesanteur me rappelle les limites de ce corps, qui est certes potentiellement mobile, je le sais, mais la contrepartie de cette mobilité est la difficulté de se mouvoir. Pour bouger ce corps immense et pesant, il me faudra effectuer des efforts importants, bander toute ma volonté vers ce mouvement fatigant, puis coordonner cette volonté en de multiples tâches annexes nécessaires au mouvement.

En cet instant, je regrette amèrement ma condition précédente d'être pensant qui n'avait pas à se préoccuper d'un corps si difficile à manier. Alors que mon corps précédent existait sans me le rappeler constamment, la pesanteur du nouveau réceptacle de ma pensée perturbe mon esprit par cet afflux de sensation dont la perception de la pesanteur n'est que le premier aperçu. En effet rapidement d'autres sensations s'ajoutent à la première et finissent par l'estomper, si pénible soit elle.

Je reviens en effet rapidement à la perception du bruit, d'abord celui de ma circulation sanguine qui bat à mes oreilles comme un tambour asthmatique, vite étouffé par le bruit extérieur, celui des oiseaux sous la fenêtre de ma chambre, qui chantent la jeunesse du soleil de ce matin paisible. Puis je retrouve le toucher par la perception de ma tête posée sur mes bras et de mes draps sur le bas de mon corps. Vient ensuite l'odeur de ma chambre, qui n'est pas neutre bien qu'elle soit familière, la pression légère de l'air à l'intérieur de mes narines quand j'expire, le goût de ma salive et bien d'autres choses, comme la présence de ma langue dans ma bouche ou bien une légère courbature à mon coude gauche. Bref je retrouve avec surprise toutes ces sensations qu'on oublie en temps normal et que mon état éthéré avait complètement occultées.

Heureusement mon cerveau fait rapidement le tri entre ce qu'il est normal d'oublier et ce qui est important, sinon mon esprit ne pourrait pas traiter cet afflux énorme d'informations. Le retour des sensations est tellement riche qu'il me submerge totalement pendant un laps de temps bref mais intense, comme une explosion de saveurs inédites mais éphémères. Je retrouve donc complètement mon statut d'homme après un moment fugace de désorientation, qui m'a permis de saisir toute l'ampleur du travail de tri et d'indifférence nécessaire, que le cerveau humain accomplit constamment pour se concentrer uniquement vers les tâches les plus nobles, ou sensées l'être.

Revenu sur terre, ou du moins dans mon corps pesamment allongé et dans mon lit douillet, je m'accorde un moment de répit avant de commettre le dernier acte scellant mon retour parmi le commun des mortels : j'ouvre les yeux. Le retour de la vue est bien l'occasion pour moi de renouer avec ma vie d'avant sommeil et la vision occulte définitivement les autres sens. La richesse des informations que je reçois alors, bien qu'il ne s'agisse que du bout de mon lit, me fait mesurer encore plus la différence avec mon état précédent d'esprit libéré des contingences terrestres.

Je referme rapidement les yeux, à la fois pour tenter de revenir à mon état précédent, si paisible et si enrichissant à la fois, mais aussi pour réfléchir à ma situation. Je reviens sur ma condition d'esprit libéré des contraintes matérielles, au moins partiellement, et je m'aperçois que ce n'était qu'un rêve. J'ai rêvé être une entité fixe et pensante, vivante mais immobile et surtout dénuée de la plupart des sensations qui perturbent la réflexion et monopolisent finalement l'attention de l'intellect. Qu'il était agréable de pouvoir penser tranquillement !

Je sens alors sur ma joue la caresse d'une chaleur, qui se répand et me dérange, j'identifie immédiatement cette sensation : c'est le retour de l'aiguille ! J'ouvre donc à nouveau les yeux, curieux d'apprendre enfin de quelle nature relève ce phénomène qui m'a tant troublé et je découvre un rayon du soleil matinal qui chatouille ma peau. La lumière solaire a percé les nuages et s'étend progressivement sur mon visage. Puis la course vagabonde du nuage principal occulte derechef le rayon lumineux de l'astre du jour et la chaleur disparaît. Voilà donc ce qu'était l'aiguille, un banal rayon de soleil, transformé dans mes songes en aiguille agressive.

Je referme les yeux en tentant de retrouver mon corps précédent et je visionne une sorte d'arbuste vert pâle, planté fermement sur un sol presque nu, recouvert d'un duvet d'herbe rase. L'arbuste est en forme de demi-lune, trapu et touffu dont les branches courtes mais robustes supportent une moisson de petites feuilles charnues. Le sol est ferme sans être sec, aucune présence de vie animale alentour, mais quelques autres arbustes de la même espèce se dressent à proximité. Une vague d'amour intense me traverse et s'adresse au souvenir de cet arbuste que j'ai été. J'étais bien, j'étais paisible, j'étais immortel, j'étais si confortablement installé seul avec une éternité pensante à ma disposition quand j'étais cette plante.

Je regrette amèrement mon état précédent, j'ai une pensée attendrie aussi pour mes proches semblables, ces autres arbustes dont je ne savais rien mais que j'aimais profondément.

Je m'aperçois que j'éprouve une poignante nostalgie de ma condition végétale, alors que j'étais en paix, maître de mon univers de pensées vagabondes, libre de réfléchir à tous les sujets sans être ni contredit ni confronté à une communication inutile avec d'autres esprits prisonniers de corps complexes mais imparfaits.

Je me rends compte aussi qu'une grande part de mes pensées intéressantes ont été motivées par des sensations extérieures et si l'esprit seul peut vagabonder, il lui faut cependant des stimuli extérieurs pour développer de nouvelles idées. L'équilibre délicat entre paix intérieure pour réfléchir sereinement et stimulus inattendu pour catalyser de nouveaux raisonnements avait été parfaitement réalisé dans mon rêve. Ma tentative puérile de retourner dans les limbes ayant lamentablement échoué, je garde néanmoins les yeux clos et je tente de tirer quelques enseignements de l'expérience que je viens de vivre.

La première chose que je regrette dans mon état végétatif précédent, c'est bien le plaisir du raisonnement, la pensée non parasitée par toutes les sensations que j'éprouve maintenant. Je me rappelle le plaisir de la non-existence physique tout d'abord éprouvé. Non, en fait ce n'était pas un plaisir, mais une absence de douleur et je ne m'en suis rendu compte que par défaut, une fois cette absence disparue avec l'apparition de la douleur de l'aiguille. Je me souviens également du plaisir de l'amour pour les autres, cette félicité obtenue en projetant un sentiment d'amour envers mes proches inconnus. Ce plaisir avait combattu la douleur de la sensation diffusée par l'aiguille. Puis je me rappelle le soulagement à la disparition de l'aiguille. La conclusion de tout cela peut être traduite dans ma situation actuelle : quand un état neutre ne peut être conservé, le plaisir peut annuler la douleur. J'en viens d'ailleurs à réaliser que le côté physique de la vie peut être résumé par la recherche constante d'un équilibre entre le plaisir et la douleur, avec l'espoir d'éprouver plus de plaisir et la crainte que la douleur l'emporte. Puisque notre corps ne nous laisse pas de repos, nous signalant sans cesse de multiples et diverses sensations, il nous faut combattre la douleur et à défaut rechercher le plaisir.

Que notre esprit soit stimulé constamment par des sensations physiques permet de le garder en éveil, mais la rançon de cette stimulation est la recherche constante de l'équilibre entre plaisir et douleur, ce qui finit par occuper la majeure partie de notre intellect. Certains deviennent alors obsédés par la recherche des plaisirs alors que d'autres moins chanceux fuient sans cesse la douleur. Mais le résultat est le même, c'est l'appauvrissement de la réflexion. Comment donc échapper à ce piège ?

Je comprends alors que certains humains ont tenté de se détacher de ce cycle physique par l'ascèse, par le jeûne, par la méditation ou par différentes techniques ayant pour but de libérer l'esprit en niant la matière. Ceux-là ont rompu l'équilibre en le niant ou en le brisant volontairement pour tenter de l'oublier, attaque paradoxale qui me fait penser aux athées qui insultent un dieu, soit ils se mentent à eux-mêmes soit ils se trompent. Pour se libérer d'un carcan physique, les ascètes doivent s'astreindre à une règle encore plus contraignante qui devient fondamentale, oubliant peut-être le but en recherchant la perfection du moyen. Voilà une solution qui me paraît difficile à réaliser et peu fiable et que j'écarte donc, en tous cas pour moi-même. Je pense alors au côté religieux de la chose, évoquant mentalement les prophètes qui se sont éloignés dans le désert ou la montagne pour jeûner et méditer, eux aussi recherchaient peut-être une solution pour s'émanciper de la bataille constante entre la douleur et le plaisir ?

De la naissance à la mort l'être humain reste confronté à toutes les sensations déplaisantes et il ne pourrait certainement pas continuer à avancer dans la vie en ayant constamment la crainte de la douleur à l'esprit. En fait l'oubli de sa pauvre condition physique lui permet, par un ingénieux mécanisme de défense instinctive, de continuer à construire une pensée cohérente et à survivre. Le côté paradoxal de l'être humain, c'est que son intellect lui permet d'anticiper, mais que le bon fonctionnement de sa cervelle dépend de sa faculté à oublier ce qui risque d'arriver prochainement. Le cerveau humain peut appréhender l'avenir, mais il lui faut occulter les possibilités désagréables du futur sous peine de bloquer toute réflexion. Finalement, l'être humain passerait-il son temps à se mentir à lui-même par omission ?

Pour parvenir à oublier la douleur, ce qui peut quand même être difficile à obtenir sur le long terme, les hommes peuvent aussi rechercher le maximum de plaisir pour faire pencher l'équilibre en la faveur des sensations plaisantes et ainsi profiter pleinement de tous les facettes agréables d'un corps physique, mais je crois que cette solution ne peut être que temporaire, car la douleur sera forcément un jour plus forte que le plaisir.

Ayant envisagé la disparition de mon esprit et conclu à une impossibilité, je ne peux craindre que la disparition de mon corps, ce qui signifierait la disparition avant tout de la douleur, ce qui me semble plutôt positif. Pourquoi donc craindre la mort puisqu'il ne s'agit que de ne plus avoir mal ? Certes la suppression du corps physique fait aussi disparaître le plaisir, mais j'ai pu récemment expérimenter la quiétude de l'esprit libéré du corps, alors pourquoi donc craindre la mort ?

En fait je m'aperçois que je n'ai pas vraiment peur de la mort, mais plutôt de la douleur qui semble assez systématiquement l'accompagner, et aussi de l'inconnu bien sûr. La mort serait donc avant tout une rupture importante et durable de l'équilibre en faveur de la douleur, ce qui n'est pas effectivement une perspective très réjouissante. Pour l'angoisse devant l'inconnu, je ne peux que la combattre en me rappelant que mon esprit ne pourra jamais se rendre compte de sa propre disparition, qu'il est donc virtuellement immortel et éternel. En revanche la peur de la douleur est quelque chose de plus concret, même si on peut toujours se dire qu'une mort douloureuse n'est qu'une étape très temporaire et fugace dans la durée de l'univers, c'est tout de même angoissant.

Je me rappelle alors la sérénité que m'avait apporté l'amour des proches semblables quand j'étais une entité éthérée et en expérimentant l'amour de tout ce qui vit je retrouve cette sérénité. Voilà donc la manière adéquate d'oublier ses angoisses : aimons-nous les uns les autres ! Tiens cela me rappelle vaguement quelque chose...

Je secoue la tête et je me demande si je ne rêve pas de nouveau, je retombe sur terre, ou plutôt dans mon lit et je me dis que tout cela est bien beau, mais que cela ne va pas me faire arriver à l'heure au bureau. Je regarde le réveil posé sur la table de nuit vieillotte qui trône à côté de ma couche et il m'annonce la mauvaise nouvelle : je suis effectivement en retard et ce damné réveil n'a pas sonné. Je me souviens vaguement que j'ai oublié de le régler hier soir, j'ai passé trop de temps sur internet à discuter de choses futiles avec de nombreux inconnus et je me suis couché fort tard.

Un peu vasouillard et encore troublé par ma récente expérience, je me lave et m'habille un peu comme un zombie, pour peu que ces individus accomplissent de telles opérations. Je réchauffe vite fait au four à micro-ondes un reste de café de la veille et je l'avale tout en engloutissant deux petits pains au chocolat : me voilà un peu requinqué. Je sors dans le petit matin frais, je monte dans le pot de yaourt géant qui me sert de voiture, yaourt nature puisque ma voiture est blanche, couleur qu'elle retrouve parfois un peu après une bonne averse.

Tout en roulant en direction de la capitale du Bourbonnais, où m'attend mon labeur quotidien, je m'interroge encore sur la signification de mon rêve et je conclus rapidement que s'il n'y a pas de véritable signification, au moins il y a plusieurs enseignements à en tirer.

Tout d'abord je regrette de ne pouvoir continuer à réfléchir tranquillement à tout ça, je me promets donc d'y revenir dès que possible, de préférence au chaud dans mon lit douillet ou sur mon canapé unique et favori. Ensuite j'ai découvert que mon esprit est virtuellement immortel, ce qui devrait être rassurant, mais je ne suis qu'à moitié convaincu, la force de l'habitude peut être ? Enfin je me suis essayé à aimer les autres, comme l'enseigne le nouveau testament et j'ai découvert que c'était effectivement bien agréable, un plaisir autrement plus fort et plus fin que tout ce que mon corps pourrait me procurer et je comprends maintenant l'attrait des vocations religieuses qui procèdent certainement du même élan que celui que j'éprouve actuellement.

Avec néanmoins un détail qui change tout : je suis arrivé à cette découverte lors de mon rêve, par un raisonnement solitaire exempt de toute religion. Ce qui m'amène inexorablement à la question importante de l'existence d'une divinité, unique ou multiple d'ailleurs, car je décide subitement de ne m'accorder aucun préjugé. La question n'est d'ailleurs pas de l'existence ou pas du principe divin, mais de sa réalité concrète, car savoir qu'un dieu existe sans pouvoir le constater est certes intéressant, mais il est alors difficile d'avoir une certitude qu'aucun fait réel ne vient conforter.

Dans le cas d'une réponse positive à l'existence d'un dieu, comment être sûr qu'il ne s'agit pas d'une invention auto-générée par un esprit malade ? J'y réfléchis et conclus que la certitude peut être obtenue de deux façons, soit spirituellement soit physiquement.

La preuve physique par une manifestation spectaculaire miraculeuse a déjà été rapportée par d'autres personnes à de multiples reprises, mais malheureusement dans un passé déjà lointain qui ne me permet pas de rencontrer les témoins desdits miracles, décédés depuis quelque temps et donc inaccessibles avec les moyens de communication dont je dispose à l'heure actuelle. Comme ces miracles ont eu lieu à des époques où il aurait été relativement facile d'abuser les foules par des artifices technologiques, la preuve de l'existence de dieu ne me paraît pas suffisante pour emporter une conviction inébranlable.

Un autre genre de preuve me paraît possible, c'est le phénomène décrit par certains mystiques et qui consiste à une fusion de l'esprit du croyant avec l'esprit de son dieu. Dans ce cas précis effectivement l'esprit fusionné avec sa divinité doit bien se rendre compte de ce qui lui arrive et il sait alors avec une certitude absolue que Dieu existe. Mais en attendant ce grand moment, l'incertitude règne. Je comprends alors qu'en matière de religion on ne puisse parler que de foi aveugle et pas de certitude avérée.

De toutes manières un dieu tel que je me le représente est avant tout un esprit supérieur, avec des pouvoirs plus ou moins étendus, mais pas vraiment de corps physique pérenne. Vouloir attester de l'existence d'un tel Dieu suppose de pouvoir communiquer avec son esprit, soit directement soit en fusionnant avec et je crains fort qu'une telle expérience ne soit possible qu'après la disparition de mon enveloppe matérielle. Celui qui vivra une telle expérience ne pourra alors malheureusement pas en faire profiter ses semblables, sauf à revenir sur terre par une réincarnation lui conservant intacts tous ses souvenirs.

Chapitre IV : La fin

Perdu dans mes pensées, je n'ai pas vu le camion poubelle qui reculait en sortant du petit chemin. Le conducteur inconscient qui est au volant recule son imposant véhicule pour se retourner et probablement repartir dans l'autre sens. Quand je réalise que je vais percuter l'énorme obstacle, je donne par réflexe un bon coup de volant sur ma droite et ma voiture descend aussitôt dans le large fossé et se bloque abruptement au fond.

Comme d'habitude je n'ai pas mis ma ceinture de sécurité et je m'envole, libéré de la pesanteur par la force d'inertie. J'ai fermé instinctivement les yeux et je sens que je traverse une barrière friable qui me caresse le visage au passage, un court moment d'apesanteur et je stoppe mon vol avec une chaleur intense en haut du crâne.

J'ouvre les yeux et je vois devant moi une petite haie, comprenant en particulier un arbuste vert pâle dans un petit espace dégagé, il est en forme de demi-lune et il me semble très joli. Je le reconnais aussitôt et je l'aime comme moi-même, certainement même encore plus que mon corps actuel qui m'envoie frénétiquement des signaux de détresse. Je perçois vaguement que j'ai le crâne défoncé, que mon visage lacéré par la traversée du pare-brise de mon véhicule me brûle et que mon sang ruisselle de multiples coupures et trempe mes vêtements en lambeaux. Je crois bien que c'est la fin d'un voyage, tout au moins cela va bientôt être la fin du vaisseau qui héberge mon esprit, le voyage se poursuivra peut-être avec un autre support.

Alors qu'un froid glacial envahit mon corps et que le haut de ma tête se carbonise, à travers le brouillard d'une larme de douleur je contemple la petite haie paisible, qui semble m'attendre. Je sais alors que je quitte mon corps et que je vais avoir la seule réponse possible sur l'immortalité de mon esprit. Je vais enfin être libéré et retourner au calme. Soit je vais retourner au néant et ne plus raisonner et je n'en aurai évidemment pas conscience, soit je vais continuer ma pensée. La sérénité m'envahit tandis que la douleur s'estompe, je n'y fais plus attention. Si mon esprit perdure, j'aurai alors la réponse à la grande question de l'existence de Dieu.

Je ferme les yeux pour la dernière fois et je vais à sa rencontre.

Je suis une haie.

www.ingramcontent.com/pod-product-compliance
Lightning Source LLC
Chambersburg PA
CBHW060812260726
48660CB00002B/898